LOS ESTADOS MENTALES

SIENTO ANSIEDAD

POR ABBY COOPER

BLUE OWL
EN ESPAÑOL

TIPS PARA LOS MAESTROS Y LOS PADRES DE FAMILIA

El aprendizaje social y emocional (SEL, por sus siglas en inglés) les ayuda a los niños a manejar sus emociones, crear y lograr metas, conservar relaciones, aprender cómo sentir empatía y tomar buenas decisiones. El abordaje de SEL ayudará a que los niños establezcan hábitos positivos en la comunicación, cooperación y en la toma de decisiones. Mediante la incorporación de SEL en la lectura temprana, los niños estarán mejor equipados para desarrollar y fortalecer la confianza en ellos mismos y fomentar redes sociales positivas con sus compañeros.

ANTES DE LA LECTURA

Hable con el lector o la lectora acerca de cómo notar la ansiedad. Explíquele que todos la sienten en ocasiones.

Analicen: ¿Has sentido preocupación alguna vez? ¿Cuáles son algunas de las cosas que te han preocupado? ¿Qué piensas que tienen en común el sentimiento de preocupación con el sentimiento de ansiedad? ¿Y qué hay del entusiasmo?

DESPUÉS DE LA LECTURA

Hable con el lector o la lectora acerca de cómo nos hace sentir y actuar la ansiedad.

Analicen: ¿Cuáles son algunas señales y algunos síntomas de la ansiedad? ¿Tiene la ansiedad algún impacto sobre la forma en que piensas y en lo que sientes? ¿Qué puedes hacer si sientes ansiedad?

LA META SEL

La ansiedad es común y tiene un impacto sobre mucha gente de todas las edades. Aunque puede ser similar al sentimiento de entusiasmo, la ansiedad se define, por lo general, como un sentimiento de extrema preocupación o inquietud. Puede que algunos estudiantes batallen con la ansiedad, pero no sepan cómo expresar sus pensamientos o sentimientos de ansiedad. Ayúdeles a encontrar las palabras para expresar sus sentimientos y sus experiencias internas.

TABLA DE CONTENIDO

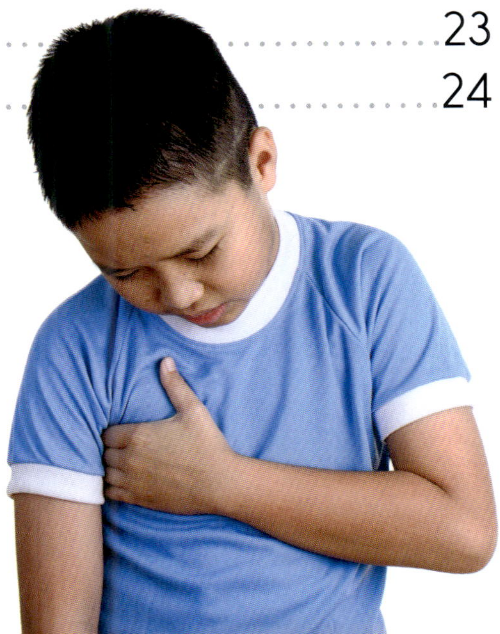

CAPÍTULO 1

¿QUÉ ES LA ANSIEDAD?

Sofía está a punto de hablar frente a su salón de clases. El corazón le late muy fuertemente. Ella siente calor en el cuerpo. Siente mariposas en el estómago. Se siente entusiasmada y nerviosa a la vez.

Sofía muy probablemente también siente **ansiedad**. La ansiedad es sentir mucha **inquietud**. Ocurre cuando nos enfrentamos a un resultado incierto. ¿Será la presentación de Sofía un éxito? ¿O será un fiasco?

¿Sientes como si tus preocupaciones nunca fueran a acabar? ¿O se vuelven ellas algo mayor de lo que deberían ser? Si es así, probablemente estás sintiendo ansiedad.

LA ANSIEDAD EN COMPARACIÓN CON EL ENTUSIASMO

La ansiedad a menudo es confundida con el nerviosismo o el entusiasmo. Estos sentimientos se parecen mucho. Pero los nervios y el entusiasmo se esfuman. La ansiedad se queda. Ella puede ser mucho más difícil de controlar.

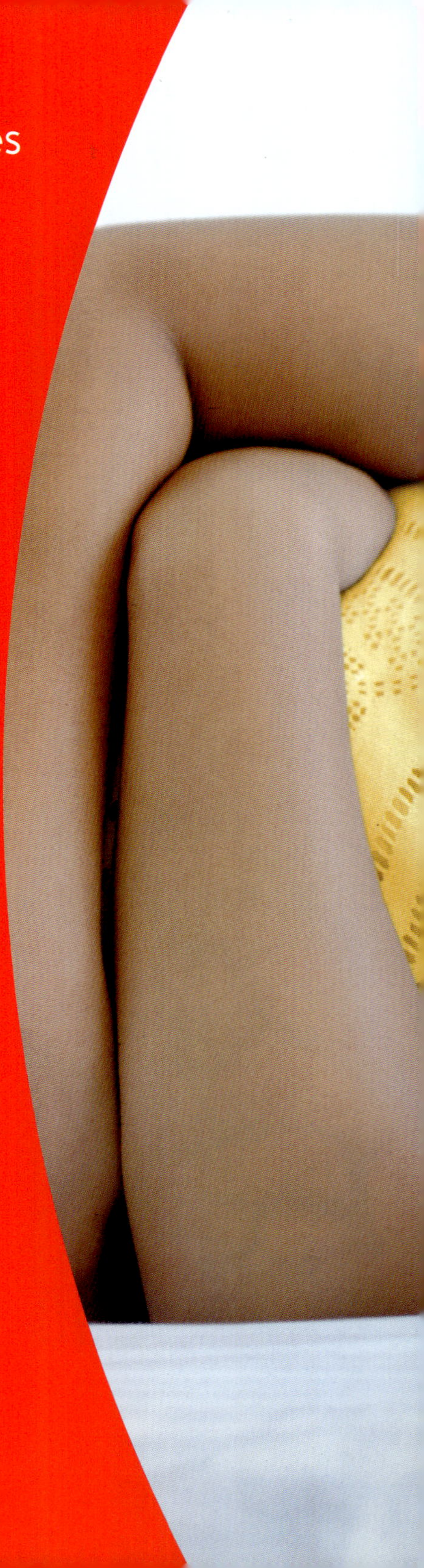

abeja

Cada uno puede sentir la ansiedad de distinta manera. Puede ser de corta duración o continua. La ansiedad ocurre por muchos **factores**. Puede ser hereditaria. También puede resultar de un evento. A Rebeca la picó una abeja. Ahora, ella se siente ansiosa con simplemente ver una. El corazón le late rápidamente.

LA BUENA ANSIEDAD

Todo el mundo siente ansiedad a veces. ¡A algunas personas les gusta y buscan este sentimiento! ¿Por qué? ¡La **adrenalina** que nuestros cuerpos producen nos da **energía**! Esto puede pasar cuando vemos una película de miedo o cuando nos subimos a las montañas rusas.

CAPÍTULO 2

¿CÓMO SE VE Y SE SIENTE?

¿Cómo puedes saber si estás sintiendo ansiedad? Busca las pistas en tu cuerpo. ¿Tienes un comportamiento de **hiperactividad**? ¿O sientes **tensión**?

Un dolor de estómago o un corazón que late muy rápidamente podrían ser **síntomas** de ansiedad. El latido de tu corazón puede acelerarse, y te podría costar recuperar el aliento. ¿Sientes sudor, mareo o la sensación de que pudieras enfermarte?

Los cuerpos humanos reaccionan de muchas formas. Identifica cómo se siente la ansiedad en tu cuerpo. Los síntomas también ocurren en tu mente. ¿Qué tipo de pensamientos tienes? Identificar tus pensamientos y síntomas es el primer paso para controlar los sentimientos de ansiedad.

Aunque es normal y ESTÁ BIEN sentir ansiedad, la ansiedad se vuelve problemática cuando es **excesiva**. Afortunadamente, hay muchas maneras de **lidiar** con estos sentimientos.

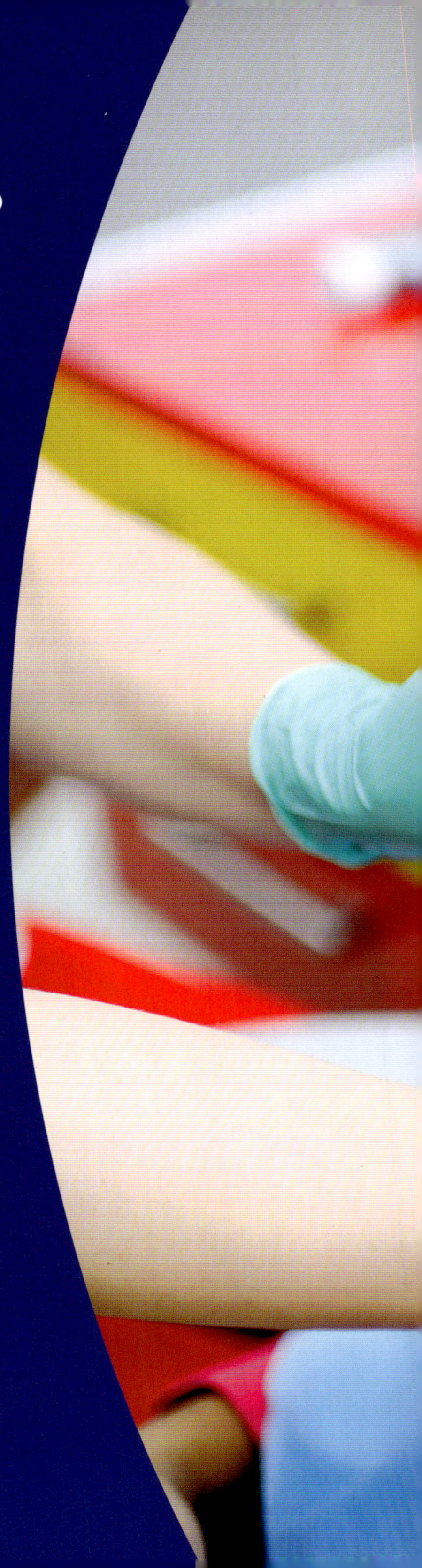

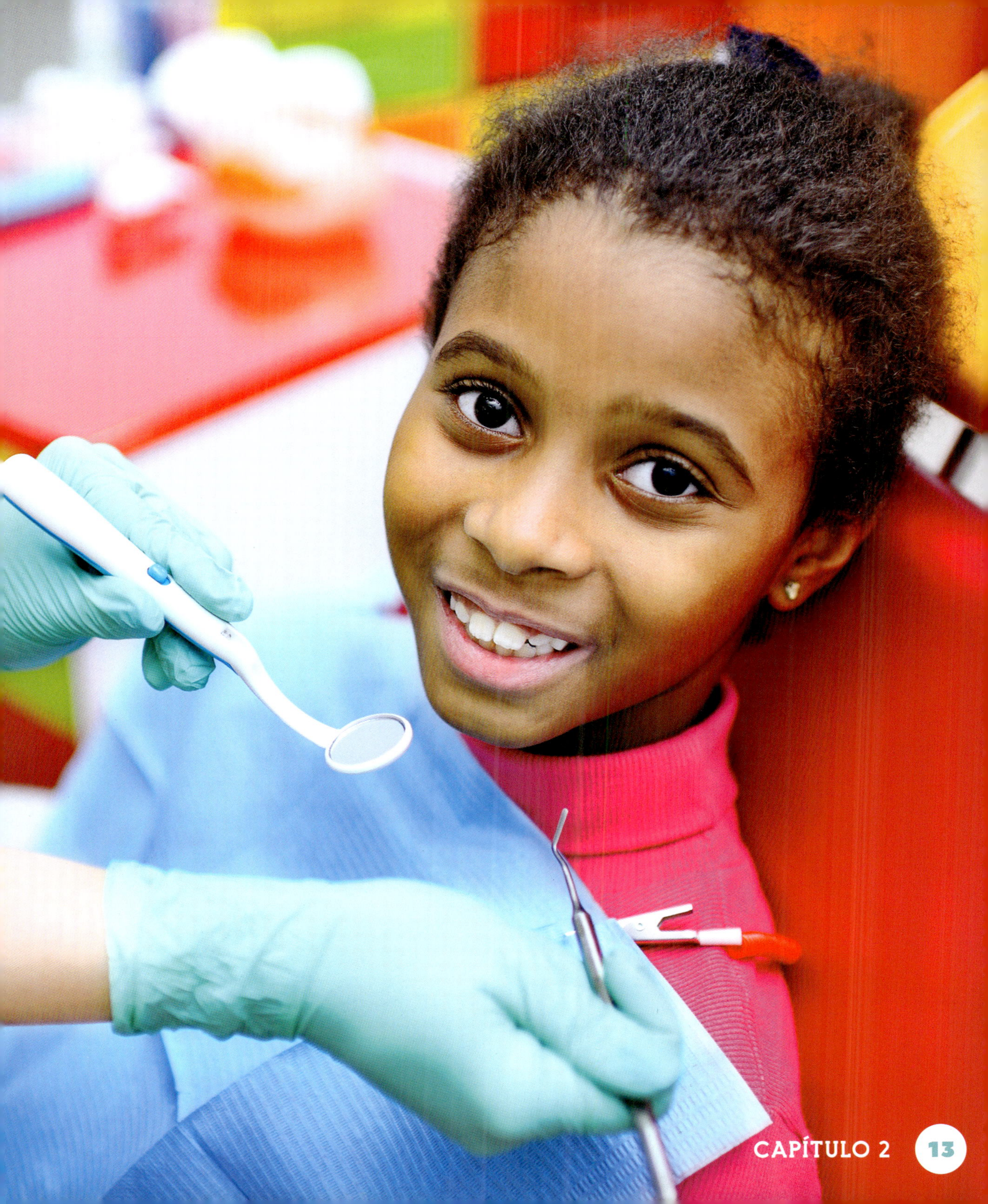

CAPÍTULO 3

¿CÓMO LIDIAR CON ELLA?

Empieza con tu cuerpo. Come bien, haz ejercicio y duerme lo suficiente. Todo esto te ayuda a aclarar la mente.

Escribir o dibujar en un diario también ayuda. Es importante **expresar** cómo te sientes. Llevar un diario puede ayudarte a organizar tus pensamientos y a sentir que controlas tus sentimientos.

Otra forma de lidiar con la ansiedad es practicar la respiración profunda. Esta es una de las mejores maneras de reducir el **estrés**. Si el corazón empieza a latirte rápidamente, prueba esto. Respira profundamente a través de la nariz. Aguanta la respiración por unos cuantos segundos. Luego, suelta el aire. Respirar le envía un mensaje a tu cerebro de que se calme.

EL DIÁLOGO INTERNO POSITIVO

Usa el **diálogo interno positivo**. Recuérdate que te encuentras a salvo y que hay gente que te ama. Formula nuevamente cualquier pensamiento negativo. En lugar de decir: "Nunca voy a lograr terminar todo mi trabajo", prueba decir: "Daré lo mejor de mí y pediré ayuda si la necesito".

Si una persona que tú conoces siente ansiedad, puedes ayudarla escuchándola. No le digas a tu amigo que se relaje o se calme. Evita decirle que las preocupaciones son absurdas. Esto pudiera empeorar la ansiedad. En lugar de esto, recuérdale que ESTÁ BIEN sentir lo que siente. Simplemente estar presente para él puede hacer una enorme diferencia.

consejera

Ya sea que la ansiedad esté teniendo un impacto sobre ti, un amigo o amiga, o en ambos, debes saber que esto es común. Si necesitas ayuda, habla con algún adulto en quien confíes. Podría ser un padre de familia o un **consejero** o consejera. Sin importar el tipo de ansiedad que estés sintiendo, ¡hay gente con quien puedes hablar!

METAS Y HERRAMIENTAS

CRECE CON LAS METAS

Toma nota cuando sientas ansiedad. Prueba estas estrategias como una ayuda.

Meta: ¡Préstale total atención a este momento! Respira lenta y profundamente. Identifica algo alrededor tuyo con cada uno de tus cinco sentidos. Prestarle atención a tu cuerpo en lugar de a esos pensamientos tuyos, que van a mil por hora, puede ayudar a que te relajes.

Meta: ¡Cambia la historia! Identifica los pensamientos que te hacen sentir ansiedad. Reemplázalos por pensamientos positivos que sean útiles.

Meta: ¡Déjalos salir! Escribe o dibuja tus pensamientos y sentimientos en un diario. Luego, compártelos con alguna amistad o con un adulto en quien confíes.

¡PRUEBA ESTO!

Cuando sientes ansiedad, puede ser difícil que te calmes. Es por eso que es útil prepararse antes de que esto ocurra. Prepara un kit de tranquilidad para que tengas una buena preparación cuando la ansiedad te ataque.

1. Busca una papelera, una canasta o una caja. Etiquétala: "kit de tranquilidad".
2. Colecciona cosas que te hagan sentir tranquilidad. Estas cosas pueden incluir: los juguetes, las cosas o fotos de personas que más te gustan, los lugares y cosas que te hacen sentir a salvo y que te aman. Estas cosas también pueden incluir recordatorios que te hayas escrito o notas alentadoras de miembros de tu familia, maestros o amigos.
3. Mantén tu kit de tranquilidad en algún lugar que sea fácil de encontrar.

GLOSARIO

adrenalina
Un químico que tu cuerpo produce cuando necesitas más energía o cuando sientes que hay algún peligro.

ansiedad
El sentimiento de preocupación o tener un deseo muy entusiasta por hacer algo.

consejero
Una persona entrenada para ayudar con problemas o dar consejos.

diálogo interno positivo
Palabras o pensamientos que te dices y que hacen que te sientas bien sobre tus talentos y habilidades.

energía
La habilidad o fortaleza de hacer cosas sin cansarse.

estrés
Una presión mental o emocional.

excesiva
Más que necesaria.

expresar
Demostrar lo que crees o piensas con palabras, por medio de la escritura o las acciones.

factores
Cosas que ayudan a producir un resultado.

hiperactividad
El comportamiento de moverse por nerviosismo o aburrimiento.

inquietud
Preocupación, nerviosismo o ansiedad.

lidiar
Ocuparse de algo de manera efectiva.

síntomas
Señales de algo.

tensión
Cuando sientes los músculos apretados.

PARA APRENDER MÁS

Aprender más es tan fácil como contar de 1 a 3.

1. Visita www.factsurfer.com
2. Escribe "**Sientoansiedad**" en la caja de búsqueda.
3. Elige tu libro para ver una lista de sitios web.

ÍNDICE

Blue Owl Books are published by Jump!, 5357 Penn Avenue South, Minneapolis, MN 55419, www.jumplibrary.com

Library of Congress Cataloging-in-Publication Data

Names: Cooper, Abby, author.
Title: Siento ansiedad / por Abby Cooper.
Other titles: I feel anxious. Spanish
Description: Minneapolis: Jump!, Inc., [2021] | Series: Los estados mentales
Includes index. | Audience: Grades 2–3
Identifiers: LCCN 2020021006 (print)
LCCN 2020021007 (ebook)
ISBN 9781645276913 (hardcover)
ISBN 9781645276920 (paperback)
ISBN 9781645276937 (ebook)
Subjects: LCSH: Anxiety—Juvenile literature. | Emotions in children—Juvenile literature.
Classification: LCC BF575.A6 C6618 2021 (print)
LCC BF575.A6 (ebook) | DDC 155.4/1246–dc23

Editor: Jenna Gleisner
Designer: Molly Ballanger
Translator: Annette Granat

Photo Credits: Krakenimages.com/Shutterstock, cover, 10; Ami Parikh/Shutterstock, 1; TinnaPong/Shutterstock, 3; Syda Productions/Shutterstock, 4, 5; bymuratdeniz/iStock, 6–7; kojihirano/iStock, 8–9; Daisy-Daisy/iStock, 11; Kalinovskiy/iStock, 12–13; Spotmatik Ltd/Shutterstock, 14; mg7/iStock, 15; YAKOBCHUK VIACHESLAV/Shutterstock, 16–17; monkeybusinessimages/iStock, 18–19; Antonio Diaz/Getty, 20–21.

Printed in China.